LE PEINTRE

GODCHAUX

ET

SES ŒUVRES

PIERRE DELBARRE

LE PEINTRE

GODCHAUX

ET

SES ŒUVRES

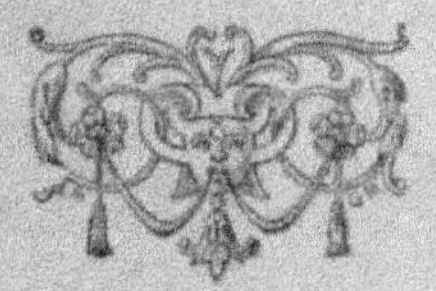

POITIERS
IMPRIMERIE GÉNÉRALE DE L'OUEST
BLAIS, ROY ET Cie
7, Rue Victor-Hugo, 7
1886

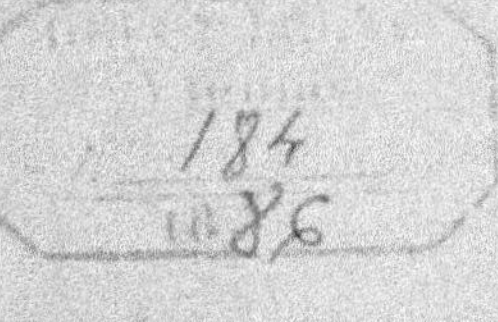

LE PEINTRE
GODCHAUX
ET
SES ŒUVRES

Celui-là est un vrai peintre. On le croirait né en Orient tant il possède le sentiment de la lumière, ou sur les bords de la mer tant il est familier avec l'Océan dont il connaît les fureurs et la poésie. Godchaux est né tout simplement à Paris, dans un des plus sombres quartiers, aujourd'hui disparus, dans la vieille Cité.

Est-ce parce qu'il avait la nostalgie de la nature et

du soleil qu'il voulut être peintre? Je ne sais, mais il avait à peine quinze ans, quand il partit, un bâton à la main, le sac sur le dos, pour la forêt de Fontainebleau. Sa bourse était légère, mais son désir d'apprendre était immense.

Quand il se fut enivré des senteurs de la forêt, Alfred Godchaux comprit qu'avant de peindre d'après nature il fallait d'abord étudier les maîtres. Il revint à Paris et s'en alla tout droit au musée du Luxembourg.

Là, il fit des copies des chefs-d'œuvres des maîtres de l'école moderne, et bientôt les Millet, les Rousseau, les Dupré, les Breton n'eurent plus de secrets pour lui. Mais il comprit bien vite aussi, qu'il lui fallait tenter d'autres épreuves s'il voulait être quelqu'un, et qu'il avait autre chose à faire que d'imiter les autres.

Il alla donc montrer ses travaux à Courbet, à Isabey et à Gustave Doré.

« Vous serez un peintre, lui dirent ces trois maîtres

après avoir examiné ce qu'il leur montrait. Vous n'avez plus maintenant qu'à copier la nature, et si vous avez besoin de conseils, venez nous voir. »

Et voilà comment Godchaux est élève de Courbet, d'Isabey et de Doré.

Il reprit donc son sac et son bâton, et se mit à parcourir la France, puis l'Espagne, puis l'Orient, et quand il se fut assez familiarisé avec la nature de ces trois pays au point de la savoir par cœur, il vint se fixer dans les Pyrénées, dont les sites grandioses et sauvages convenaient à son imagination ardente et poétique.

C'est donc une figure d'artiste tout à fait originale, que celle d'Alfred Godchaux, et comme il est rarement donné d'en rencontrer.

Il a du talent et il ne pose pas pour le grand maître incompris, ou devant lequel on ne saurait s'incliner trop humblement. Il ne pontifie pas, chose assez rare, il faut le reconnaître. Il peint devant tout e monde, sans prétention, sans apprêt, n'importe où

il se trouve, que le jour soit bon ou mauvais, simplement et sans embarras, répondant à tous ceux qui
l'interrogent sans manifester aucun ennui du déran-
gement que la conversation peut lui causer, et initiant
tous ceux qui sont autour de lui à ses procédés et à
sa façon de peindre. Et comme il peint très vite, qu'une
toile de dimension ordinaire est terminée en moins de
deux jours, il fait bien voir qu'il n'a pas d'autres secrets que celui de son talent et de sa très grande
facilité.

Est-ce donc à dire, parce que Alfred Godchaux
peint très vite, qu'il appartient à l'école impressio-
niste ? En aucune façon. Les impressionistes ont une
formule unique et dont ils ne sortent jamais : la
formule âpre, sommaire, sèche par conséquent, très
rapide aussi, mais où le modelé et la perspective font
le plus souvent défaut. Les maîtres de cette école,
dont on aurait tort de médire de parti pris, possèdent
des qualités incontestables. On peut ne pas aimer
leur manière de traduire la nature; cependant on ne
saurait nier, sous peine de faire preuve de peu de

connaissances en peinture, que M. Boudin, par exemple, peint des ciels où l'illusion est prodigieuse, que M. Monet fait des marines superbes, et que M. Sisley a des vues des bords de la Seine d'une vérité incontestable. Cependant, beaucoup leur préfèrent les tableaux de Théodore Rousseau, de Diaz, de Troyon, de Daubigny, de Jules Dupré ou de Michel. Beaucoup d'autres encore, leur préfèrent l'école un peu lâchée — moins cependant que celle des impressionistes — à laquelle appartient Alfred Godchaux. Et ceux-là n'ont pas tort.

En peinture il ne faut pas seulement se borner à chercher l'effet et à ne travailler que de chic; il faut, à l'exemple des grands peintres dont je viens d'écrire les noms, étudier la nature, la copier sans cesse, l'avoir toujours sous les yeux, même quand on est loin d'elle, renfermé dans son atelier et qu'on ne la voit plus qu'avec les yeux de l'esprit. On ne peut arriver à ce résultat qu'à la condition d'avoir beaucoup travaillé d'après nature, et d'avoir fait un grand nombre de ces études devant lesquelles la foule passe indiffé-

rente, parce qu'elles ne représentent, celle-ci qu'un coin de ciel, celle-là qu'un morceau de terrain, cette autre qu'un squelette d'arbre ou qu'une branche feuillue, cette autre encore qu'un bout de rivière dans laquelle se reflète un peuplier ou une maison. C'est alors qu'on possède la nature assez bien pour se contenter de croquis pris en courant, ou même de simples souvenirs pour faire de bons tableaux.

Godchaux produit beaucoup. Sa facilité est extrême; rarement il revient sur le premier coup de pinceau. Il voit juste, ce qui fait que son coloris, quoique d'une grande richesse de tons, est toujours vrai. Laissant les détails à ceux qui aiment à s'attarder sur un brin d'herbe, il ne retient généralement de la nature que les lignes principales, les grandes masses et les larges colorations. Il l'aime, cette nature qu'il étudie sans cesse, au point qu'il l'a toujours présente, même quand il peint de souvenir; il la voit abrupte et puissante, vigoureuse et luxuriante, baignée d'or ou de chaudes vapeurs dans lesquelles elle est presque indécise, fécondée par le soleil qui l'embrase ou voilée par les sombres nuées de la tempête.

Et il la traduit de toutes les façons, avec une hardiesse, une audace et en même temps une sûreté de coup d'œil qui donnent à tout ce qui émane de son pinceau, une allure mâle et une enveloppe caractéristique.

Godchaux aime les grands horizons, les plans éloignés dont les tons, souvent violents, comme dans ses vues des Pyrénées par exemple, mais toujours fins et transparents, l'obligent à donner aux premiers plans, de l'accent et de la solidité. Mais n'allez pas croire pour cela qu'il néglige les petits coins naïfs et simples, toujours remplis d'une sorte de poésie savoureuse! Voilà pourquoi ses vues de la Vienne, et ses études des rives du Clain ont un caractère de vérité si étonnant, et ces teintes fondues qui semblent être le propre des paysages poitevins. C'est une étude très curieuse à faire et digne d'observation, que ces deux points différents du talent de certains peintres, qui leur font réussir avec la même justesse, des paysages si dissemblables d'aspect, de teinte et de lumière.

Ce qu'on doit louer sans réserve dans les tableaux de Godchaux, ce sont les ciels. Corot — le grand Corot — disait : « Le ciel est la vie du paysage ». Godchaux a mis à profit cet axiome du maître. Dans ses paysages comme dans ses marines, ses ciels ont toujours une importance de premier ordre ; il les étudie avec un soin jaloux, il les enfonce, si je puis m'exprimer ainsi, dans la toile, cherchant à donner au spectateur la sensation de la radiation de la lumière, que tamisent les couches d'air et les nuages courant à l'horizon.

La plupart des peintures de Godchaux sont faites au couteau, ce qui ne contribue pas peu à les rendre solides et vigoureuses. Quand on les regarde attentivement, on s'aperçoit bien vite que le peintre n'a voulu imiter personne. Elles procèdent en général de tous les grands coloristes, mais elles ont un accent original qui ne permet pas de les confondre avec celles de tel ou tel peintre. Le sentiment de la nature ici, prime

tout, mais c'est un sentiment personnel rendu sans
aucun souci des procédés habituels, et qui ne s'ap-
prend pas, par cette raison que l'art, à l'inverse de la
science qui est une, universelle, a pour caractère, la
personnalité jointe à une grande diversité.

Godchaux, dans ses paysages, est donc ce qu'on
peut appeler un rustique épris de la nature. Il en
savoure les splendeurs et il rend à merveille l'élo-
quence de ses accents pénétrants. Il choisit, en artiste
délicat, son heure et son cadre pour en faire ressortir
les brutalités, les hardiesses, l'harmonie ou la sim-
plicité. S'il ne s'attarde pas trop, comme je le disais
plus haut, à analyser la nature, ni à mettre ces détails
encombrants dans lesquels se complaisent certains
peintres, qui pensent que leurs tableaux ne seront
jamais assez finis ni assez léchés, il nous donne toujours une idée juste de l'ensemble et de la profondeur
des motifs. Et il a raison ; en réalité, c'est là la véritable manière de faire vrai et de rendre la nature telle
qu'on la voit.

Ainsi, lorsqu'on regarde un point de vue dont les

horizons vont se perdre au loin dans l'azur douteux du ciel ; quand on est dans un intérieur de forêt, ou si on se trouve au milieu des rochers ou des montagnes, est-ce que l'œil s'arrête sur chacun des mille détails du panorama, ou sur chaque feuille des arbres aux grandes frondaisons, ou sur toutes les aspérités des rochers ou des montagnes? Non. On admire l'ensemble harmonieux du point de vue, ou les percées éclatantes du soleil dont les rayons, se jouant dans les feuillages, éclairent violemment des parties de la forêt, en laissant les autres dans la demi-teinte ; on reste confondu devant la grandeur des montagnes qui vont se perdre, avec leurs robes blanches, dans l'immensité de l'azur, on est impressionné par le sombre chaos des rochers entassés les uns sur les autres, et on ne songe à rien détailler.

Telle doit être la bonne peinture de paysage. Ceux qui observent cette règle, dont ne doivent jamais se départir les vrais peintres, réussissent toujours leurs tableaux. L'air circule dans leurs toiles, et sur le ciel où courent des nuages légers, ils profilent, sans le découper, les fines ramures des arbres. Les clartés cuivrées du matin, l'or du soleil couchant, la pourpre du soir, la lumière brûlante de midi ont pour eux d'irrésistibles attraits, et ils les rendent toujours avec la note juste qui leur est propre.

Je me souviens qu'on a reproché jadis à Gudin, un grand peintre s'il vous plaît, d'avoir peint l'océan ou trop bleu, ou trop sombre, ou trop vert, et de n'avoir pas su rendre le véritable aspect de ces grandes lames qui viennent parfois déferler avec tant de violence sur nos plages. Ce reproche, qui du reste portait à faux, comme tant d'autres que la critique, souvent inconsciente et de parti pris, a faite à des artistes éminents devant lesquels tout le monde s'incline depuis qu'ils sont morts, ce reproche Godchaux ne l'encourra pas. Habitué des plages que nous connaissons tous, en Poitou : La Rochelle, Chatel-Aillon, Fouras, Royan et d'autres, il n'est pas un Poitevin qui ne dise en voyant une marine de Godchaux : « Comme c'est ça ! »

Et en effet « c'est ça. » C'est que Godchaux a

étudié la mer avec autant d'amour que le paysage. Il semble, en voyant ses plages à marée basse, ses hautes mers, ou ses gros temps, qu'on entend clapoter l'eau, déferler la lame et mugir le vent. Les vagues se dressent les unes sur les autres en roulant leur blanche écume. La masse liquide a bien cette transparence glauque des eaux profondes, qui effraie et attire à la fois, ces rides blanches causées par le mouvement ondulatoire, ou ces teintes sombres qui laissent deviner des abîmes inconnus. En un mot, on voit vivre, sur la toile, les palpitations, les gonflements et les longs soupirs de la mer, les ruissellements sur la plage, du flot qui se retire ou qui avance, les colorations violentes des eaux basses sur le lit de sable, toutes ces fêtes éphémères de la couleur, ces féeries de la lumière en mouvement. Si Godchaux jette une embarcation sur la mer, elle a bien le balancement gracieux que lui donne cette onde toujours en mouvement, même quand elle est, comme on dit, au calme plat. Image vivante et visible du travail incessant de la nature qui ne se repose jamais, même quand elle paraît sommeiller.

Quand on examine avec quelque attention deux toiles de Godchaux, une marine et un paysage, on est frappé d'une chose : la dissemblance de l'une avec l'autre. Je m'explique. Choisissons, par exemple, un paysage avec de l'eau et des rochers, et une marine avec une plage sur laquelle vient mourir le flot et bordée d'une côte formée de rochers ou de dunes. On fera aussitôt cette remarque : que les rochers de la marine n'ont pas la même teinte que ceux du paysage, que la transparence de l'eau salée est différente de celle de l'eau douce, que le terrain de la plage a une couleur toute autre que celle du terrain du bord de la rivière, que le sable des dunes ne rappelle en rien celui du paysage, et que la verdure de l'une est tout à fait opposée à celle de l'autre.

Cela prouve que Godchaux ne peint pas seulement de chic, mais qu'il a le coup d'œil et la sûreté de main qui dénotent un véritable artiste épris de la nature et de son art.

Godchaux veut, aujourd'hui, aller se reposer... à

Paris. Après avoir semé partout sur son chemin, d'innombrables toiles dont la plus modeste aura un jour une grande valeur, il veut faire consacrer son talent dans la capitale de l'art et de l'esprit.

Demain, Godchaux sera célèbre.

1209. — Poitiers, Imprimerie Générale de l'Ouest (Blais, Roy et Cie.)